SOCIÉTÉ D'ÉCONOMIE POLITIQUE & D'ÉCONOMIE SOCIALE

DE LYON

Séance du 7 Décembre 1894

L'Algérie devant le Sénat

CONFÉRENCE

par M. Paul ROUGIER

Professeur à la Faculté de Droit

LYON

Imprimerie MOUGIN-RUSAND

Rue Stella, 3

—

1895

SOCIÉTÉ D'ÉCONOMIE POLITIQUE & D'ÉCONOMIE SOCIALE

DE LYON

SÉANCE DU 7 DÉCEMBRE 1894

L'Algérie devant le Sénat

CONFÉRENCE

par M. Paul ROUGIER

Professeur à la Faculté de Droit

LYON

IMPRIMERIE MOUGIN-RUSAND

Rue Stella, 3

1895

L'ALGÉRIE DEVANT LE SÉNAT

CONFÉRENCE

par M. Paul ROUGIER

Professeur à la Faculté de Droit (1)

MESSIEURS,

Je remplace aujourd'hui un peu inopinément l'orateur que vous deviez entendre ce soir. Son absence sera pour vous une déconvenue, mais elle me fournit une précaution oratoire pour expliquer la témérité que j'ai eue de céder à la demande de votre Bureau, en abordant un sujet aussi vaste, aussi complexe que celui de l'Algérie. J'entre, sans autre préambule, dans la question portée en ces termes à votre Ordre du jour : *L'Algérie. — Questions actuelles. — L'Algérie devant la Commission sénatoriale.*

I

Il est douloureux de dire qu'en 1894, c'est-à-dire 64 ans après la conquête de l'Algérie, tout soit, semble-t-il, à recommencer dans cette colonie. On prétend, cependant, qu'il se pose, en ce moment, des questions vitales pour elle, et tels seraient les termes généraux du problème algérien devant le Parlement français.

---

(1) Recueillie par M. Lebre, sténographe de la Société (Extrait de l'*Annuaire* de 1894-1895).

Pour l'aborder et en saisir les éléments complexes, il faut remonter à l'origine de notre conquête.

L'Algérie a une place à part dans l'histoire de la colonisation ; elle présente un caractère unique, exceptionnel. On a dit que sa conquête, née sans préméditation, avait été pour nous une question de point d'honneur national.

C'est vrai ! Si on envisage les circonstances qui ont obligé la France à diriger ses forces sur Alger, il est incontestable, et l'on a pu dire que la veille on n'y songeait pas.

Mais si notre conquête fut une surprise, elle était néanmoins dans l'esprit du temps et fut un bienfait pour l'Europe méditerranéenne et pour la civilisation.

En effet, depuis quatre siècles, Alger était le repaire de la plus abominable piraterie.

Ni Charles-Quint en 1541 ; ni Don Juan à Lépante en 1571 ; ni Don Sébastien de Portugal ; ni Louis XIV en 1684 et en 1687 ; ni les Espagnols au siècle dernier ; ni l'Angleterre en 1816, n'avaient pu détruire ce nid de forbans. C'est ce que nous avons fait en un jour par le bombardement d'Alger, qui capitula et où nous entrâmes le 5 juillet 1830.

La colonie française était dès le lendemain fondée en principe, mais immédiatement surgissait un formidable problème ; notre conquête était un fait sans précédent, elle ne ressemblait à aucun établissement colonial antérieur, malgré d'apparentes analogies. Elle n'avait rien de commun avec la prise de possession des régions américaines par les Espagnols au Mexique ou au Pérou, ni par les Anglais dans l'Amérique du Nord. Ces conquérants avaient devant eux des tribus clairsemées, sauvages, sans résistance et sans forces. En Algérie, au contraire, nous n'avions qu'une petite armée en présence d'une population autochtone de 3,500,000 habitants, qui était chez elle sur son sol, le cultivant depuis des siècles et qui de plus avait une certaine civilisation.

Que faire ? Détruire cette population ? Nous n'en avions ni le droit ni les moyens ! La chasser ? la refouler ? pas davantage. Se l'assimiler : comment ? c'était une impossibilité manifeste, nous n'étions qu'une poignée d'Européens devant une race indépendante, réfractaire à toutes nos idées par ses croyances, ses mœurs, son culte, ses traditions, ses intérêts, son attachement au sol.

Alors comment dominer et exploiter ce pays ? Quel genre de colonie fallait-il y créer ? Ce ne pouvait pas être une colonie de « plantations » comme dans nos possessions des Antilles ou de la Réunion. Car vous savez qu'en Algérie, il n'y a rien qui puisse s'y prêter. Il n'y a ni canne à sucre, ni denrées exotiques spéciales propres à une exploitation industrielle.

Il fallait donc y fonder une colonie d'un caractère hybride, complexe. On ne pouvait pas espérer non plus en faire une colonie de peuplement, la population française en 1830, n'était pas assez dense. Est-elle même beaucoup plus exubérante aujourd'hui ? et montre-t-elle quelque grand élan pour peupler et vivifier nos colonies ?

Nous étions très perplexes ; cependant le caractère français a, de tout temps, montré qu'il renferme certains éléments, propres aux peuples colonisateurs ; mais il y avait dans ce cas spécial une évidente impossibilité de fonder une colonie soit de plantations, soit de peuplement ; il nous fallait pourtant tirer parti des ressources diverses que nous offrait l'Algérie. Elle était pour nous un mystère, un danger, une attraction en nous offrant le problème le plus difficile qui se fût encore posé dans la politique coloniale des peuples modernes.

Beaucoup d'esprits l'envisageaient comme insoluble. Fallait-il s'en aller ?... Fallait-il rester ?... Pendant de nombreuses années les Chambres se montrèrent peu favorables, hostiles même à notre occupation ; le Gouvernement était indécis ; des hommes très judicieux, très pratiques, proposaient d'abandonner l'Algérie, en conservant seulement des comptoirs commerciaux sur son littoral. M. Thiers n'augurait rien pour l'avenir de cette colonie.

On préféra, sans se poser des questions et encore moins sans les résoudre, aller en avant, au jour le jour, sans plan de colonisation, mais avec quelles vicissitudes et avec quelles inévitables lenteurs !

Je ne sais, Messieurs, si vous avez lu dans la *Revue des Deux-Mondes* (1er janvier, février, mars et avril 1885), « les Commencements d'une conquête », par M. Camille Rousset, de l'Académie française. L'auteur jette une vive lumière sur les difficultés que nous avons rencontrées en Algérie; il montre l'inexpérience de nos généraux sur ce sol nouveau pour eux, leurs tâtonnements et aussi leurs rivalités, leurs incertitudes dans les mouvements à diriger, soit au point de vue colonial, soit même au point de vue militaire.

Je n'ai ni la prétention ni le désir de vous faire ici l'historique de la conquête de l'Algérie, mais voyez par quelles lentes étapes il nous a fallu passer :

La reddition d'Alger est du 5 juillet 1830, nous occupons Bône en 1832, Mostaganem en 1833, Tlemcen en 1836. Cette même année voit notre première et infructueuse expédition contre Constantine. En 1837, nous signons un premier traité de paix avec Abd-el-Kader, qui ne nous laisse que le littoral; nous tentons cependant cette même année une seconde expédition contre Constantine qui est prise d'assaut le 13 octobre. Médéah et Milianah sont occupées en 1840. En 1842, nous nous heurtons à la première insurrection d'Oran. En 1844, nous prenons Biskra et nous remportons la célèbre victoire d'Isly, après laquelle nous imposons la paix à l'empereur du Maroc. En 1847 enfin, Abd-el-Kader se soumet.

En 1856, nous commençons l'expédition contre la Kabylie ; quelques années s'écoulent dans une paix relative, mais en 1871, nous devons réprimer les insurrections des provinces d'Alger et de Constantine, en 1881, celle de la province d'Oran, et c'est en 1885 seulement, c'est-à-dire après 55 ans de luttes, que nous parvenons à soumettre le Sahara algérien.

Quelle était donc cette population contre laquelle nous avions tant à lutter, et que nous prétendions soumettre à notre influence, à notre civilisation ? C'étaient les Berbères, population antique et d'un caractère tout spécial. Les Berbères, bien antérieurs aux Phéniciens, avaient absorbé ou détruit, tous les conquérants de l'Afrique occidentale : Phéniciens, Carthaginois, Romains, Vandales, Byzantins. Tous ces éléments qui tour à tour ont dominé cette côte méditerranéenne y ont disparu dans le sang berbère. Aujourd'hui encore, en France, nous croyons avoir affaire aux Arabes, tandis qu'en réalité c'est à la race berbère ; les musulmans se sont fondus en elle, sans s'effacer complètement, en lui apportant des éléments nouveaux et des influences disparates.

Les Berbères étaient restés enracinés au sol, et l'on peut dire que par toute l'Algérie malgré les sources diverses de sa population, il y avait contre nous unité de fanatisme religieux et de résistance ; la seule différence qui subsiste chez les indigènes, c'est que les uns sont sédentaires et les autres nomades.

La population de l'Algérie atteint près de 4 millions d'habitants, elle se décompose ainsi :

Elément musulman. . . .	3.300.000
Français	270.000
Israélites naturalisés	44.000
Espagnols.	145.000
	3.759.000

Le surplus comprend des Maltais, des Marocains, des Allemands (en petit nombre), etc.

Vous voyez que les Français n'atteignent pas le chiffre de 300.000. Cependant ils ne tarderont pas à y arriver par suite de leur natalité qui est bien supérieure à celle de la métropole.

II

Mais comment accroître le nombre de nos colons et leur fournir de la terre?

On a employé des procédés divers, même quelquefois contradictoires, et tantôt successifs, tantôt simultanés. Il y eut d'abord l'émigration spontanée, qui en 15 ans, de 1830 à 1845 s'éleva à près de 100,000 Européens; cette émigration fut tantôt favorisée, tantôt contrariée par l'Administration qui redoutait la misère pour les colons mal pourvus de moyens présents d'existence et contraints parfois de rentrer en France plus malheureux qu'avant. On fit ensuite, en 1848, une première tentative d'émigration officielle; une loi bien connue du 19 septembre 1848 décrétait que 12 000 colons seraient installés en Algérie, aux frais de l'Etat. On leur accordait des concessions territoriales gratuites. On pensait ainsi désobstruer Paris après les lamentables journées de juin; ces soi-disant colons provenaient donc d'une population aussi mal préparée que possible à sa tache nouvelle.

Il y eut une transplatation de.	12.666	individus.
Deux ans après par suite de départs, décès, abandons, etc...	10.217	avaient disparu.
Il n'en survivait que.........	2.449	en 1850.

De cette épreuve résulta la démonstration : 1° quo l'émigration officielle offrait encore moins de ressources que l'émigration spontanée ; 2° que la distribution gratuite de terres est une mauvaise entrée en campagne pour des gens qui croyaient pouvoir, sans peine, du jour au lendemain, obtenir du sol ce qu'il ne donne qu'à ceux qui veulent travailler.

Des esprits caustiques firent le compte de tout ce que l'on avait dépensé pour améliorer le sort de ces ouvriers parisiens, et ils conclurent que pour leur venir en aide et les contenter on eût mieux fait de leur acheter un titre de rente en les laissant se promener à leur aise dans les rues du quartier Mouffetard.

Une seconde tentative de colonisation officielle, et j'ajouterai artificielle, eut lieu en 1871 ; je veux parler des concessions gratuites de terrains aux Alsaciens-Lorrains ; 10,000 émigrants de nos provinces perdues furent accueillis à bras ouverts, logés, nourris, secourus pendant plusieurs années ; mais la plupart étaient des ouvriers de fabrique ne connaissant pas la terre, mal préparés à leur nouveau métier et au climat ; un petit nombre seul resta et réussit.

Malgré ces divers insuccès l'Administration a souvent continué la colonisation officielle, en offrant des concessions gratuites individuelles et en créant ou en supprimant à son gré des villages ; pour expliquer ce procédé, elle objecte des nécessités de défense et de stratégie.

- A cela M. Paul Leroy-Beaulieu a répondu qu'il faut laisser les villages s'élever d'eux-mêmes, spontanément suivant l'expansion de la culture, la nécessité des marchés et suivant aussi les cours d'eaux et l'entrecroisement des routes.

Tous ceux qui se sont occupés des questions coloniales reconnaissent qu'il vaut mieux vendre les terres que de les donner.

Mais alors il surgit une autre question qui domine celle de la colonisation soit officielle, soit spontanée et qui est non moins formidable et difficile à résoudre.

Comment se procurer de la terre disponible? Comment en livrer aux colons? Comment la ravir aux indigènes qui en ont la possession séculaire? Cela est d'autant moins aisé que l'on se heurte à une très forte organisation de la propriété foncière. Sans doute elle n'est pas conçue d'après nos idées européennes, il faut néanmoins compter avec elle.

III

En Algérie, la propriété foncière était divisée en cinq catégories :

1° La propriété de l'Etat musulman ou *blad* ou *beylick*, ou *azel*.

Avant la conquête, l'Algérie, d'après la doctrine musulmane, n'était pas un domaine du dey d'Alger, mais une propriété du Sultan de Constantinople : l'Etat c'était donc le Grand Turc.

2° La propriété des établissements religieux musulmans ou biens *habbous* ou de main-morte, dont la nue propriété appartenait à des corporations ou à des établissements religieux.

3° La propriété de l'Etat ou biens *arch* ou *sabega*, sur lesquels les tribus avaient collectivement un droit absolu de propriété, suivant les uns, un simple droit de jouissance, suivant les autres.

4° Les biens généraux de la communauté musulmane *bladel* ou *islam*.

5° Enfin les propriétés privées des familles ou des douars.

Comment donc se procurer des terres devant cette organisation territoriale séculaire, où se trouvaient engagés tant d'intérêts. Au commencement un moyen se présentait à l'esprit, c'était de prendre les terres par droit de conquête, c'est-à-dire par cantonnement, refoulement, razzias ; ce système, renouvelé des déprédations romaines, n'aurait pu se mettre en pratique suivie qu'au prix de nombreux combats. Le procédé aurait été violent et injuste (les indigènes auraient pu dire, pourquoi nous chassez-nous ? Nous sommes chez nous) et dangereux politiquement, parce qu'il aurait entretenu chez ces peuplades un esprit perpétuel de haine et de vengeance.

On eut recours à un autre moyen, celui des confiscations après les insurrections qui se sont suivies pendant plus de trente années. Ce procédé se présentait comme plus régulier que celui du refoulement, parce que la confiscation après les insurrections était un droit de la guerre, une sanction contre l'insoumission.

Enfin il y avait un troisième moyen de se procurer de la terre ? C'était d'en acheter aux indigènes. Mais à qui ? Aux collectivités ? Aux douars ? Aux familles ? Aux individus; mais alors s'est posée une nouvelle question : L'Etat français après la conquête, avait-il succédé au point de vue de la propriété foncière à l'Etat musulman, qui était représenté par le Grand Turc ?

Quoi qu'il en soit, on fit des achats à tort et à travers de biens du *beylick*, de biens *habbous*, de biens appartenant à des communes, à des douars. Mais il y eut ensuite des difficultés sur toute la ligne parce que les spéculateurs qui avaient acheté ces terres, sans se soucier de revendications possibles, se hâtaient de les revendre en portions plus ou moins morcelées, aux risques et périls des derniers acquéreurs.

Des revendications survinrent et firent naître d'embarrassants litiges. Passer outre, c'était méconnaître les droits de propriété des réclamants ; d'autre part, si les revendications étaient fondées, c'étaient des évictions forcées pour ceux qui avaient acquis ces terres par l'entremise de spéculateurs contre lesquels les recours étaient illusoires. La situation des propriétés acquises dans ces conditions était très instable.

C'est alors qu'intervint une législation spéciale.

Je veux parler du fameux sénatus-consulte du 23 avril 1863, qui consacrait trois principes :

1° La conversion en propriété incommutable au profit des tribus, de tous les terrains dont elles avaient la jouissance permanente ou traditionnelle à quelque titre que ce soit ;

2° La délimitation des propriétés des tribus et des douars ;

3° Enfin, l'établissement de la propriété individuelle entre les membres des douars, partout où cette mesure serait reconnue réalisable.

On estimait que l'achat de gré à gré, dès lors, deviendrait possible vis-à-vis des tribus, des douars, des familles et des individus. Le but à atteindre était d'arriver à la propriété privée, pour donner à la culture un essor nouveau. On disait avec raison : « L'invasion islamique, il y a 12 siècles, a été la ruine de la culture. Elle a créé le communisme, là où chez les nations berbères la propriété privée avait fait de l'Afrique un jardin divisé à l'infini. (Rapport de M. Wargnier, v. Dalloz, 1874, 4e partie, page 4.)

On voulait donc rendre à la propriété son organisation

d'autrefois, et l'on ajoutait : il y a en Algérie 3 millions d'hectares de propriétés individuelles susceptibles de donner des produits, et il reste 11 millions d'hectares possédés en commun par les Arabes et les Berbères arabisés ! c'est dans cette propriété collective qu'il faut faire pénétrer la division et l'appropriation individuelle et la culture.

IV

Pour atteindre ce but, la loi du 26 juillet 1873, posa un principe nouveau, celui de l'assimilation du sol algérien à la terre française. Cette loi abolit tous droits quelconques fondés sur la législation musulmane et déclare que l'établissement de la propriété immobilière, la conservation, la transmission des immeubles auraient lieu d'après les lois françaises, puis suivent 32 articles pour la mise à exécution de ces principes.

Mais une condition préalable à la constitution de la propriété privée consistait à donner un état civil aux indigènes; cette mesure, qui de prime abord paraissait extrêmement simple, fut d'une exécution difficile et coûteuse et en définitive très limitée. Elle a abouti seulement à donner au 30 septembre 1889 un état civil à environ 300,000 habitants du Tell.

Cette législation fut complétée par les lois successives des 23 mars 1882, 29 avril 1887 et 18 décembre 1890.

Elles ont organisé par les soins de l'Administration la reconnaissance préalable du territoire des tribus et des douars, puis la délimitation et la répartition de ces terrains entre les familles; que de difficultés on rencontra ! Les commissaires chargés de faire cet important travail, y procédèrent, paraît-il, tantôt avec trop de condescendance, tantôt avec trop de rigueur.

Les mesures prescrites notamment par la loi du 19 décembre 1887 sont nombreuses : procès-verbaux, plans, publications, affiches, insertions au *Mobacher*, journal officiel arabe, avec des délais fixés pour les oppositions, les réclamations, etc. On comprend la stupeur des indigènes devant ce déluge de formalités... Ils hésitèrent, ils ne comprirent pas, et ils se trouvèrent à leur insu, en grand nombre, frappés de déchéances.

Tout ceci n'était en somme relatif qu'à la délimitation du sol entre les tribus et les douars, mais on se heurtait, en outre, à l'indivision des familles. Or, ici se posait une autre question : qu'est-ce la famille arabe ? de quels éléments se compose-t-elle ? Les droits successifs des parents restaient soumis à la législation musulmane, mais les cessions, les licitations, les partages étaient placés sous la loi française. On appliquait, dès lors, notamment l'article 815 du Code civil, et l'article 883 relatifs au partage déclaratif, et à la caducité des droits réels établis par des cohéritiers, ainsi que l'article 887 sur la rescision des partages pour cause de violence, ou dol, ou lésion de plus du quart.

Le résultat qu'on voulait atteindre c'était d'émietter la propriété musulmane, de l'individualiser, de la franciser. C'était une œuvre d'appropriation et de transformation que l'on poursuivait, et l'on pensait qu'en assimilant la terre indigène à la terre française on arriverait à l'assimilation des mœurs, des familles et de la population.

On se faisait grandement illusion, aussi les indigènes réclamaient de toutes parts, ils voyaient leurs tribus détruites, leur organisation familiale compromise. N'y avait-il pas à craindre des insurrections, ne pouvait-il arriver que quelque marabout entreprenant se mît à prêcher la guerre sainte. Ces plaintes, vous le verrez dans un instant, trouvèrent un écho auprès d'hommes réfléchis.

V

A un autre point de vue qu'a-t-on fait pour l'organisation de la justice? on a procédé par empirisme. A partir de 1834, la justice française pour les Européens, comprenait des Tribunaux de paix, des Tribunaux civils, de commerce et une Cour d'appel à Alger ; mais on reconnut la nécessité de Tribunaux musulmans dont la justice, à la vérité, était bien arbitraire, ils n'étaient composés que d'un seul juge le *cadi.*

On a laissé au *cadi* (après des évolutions diverses) la compétence sur les questions d'état, sur les successions mobilières entre musulmans, et sur les contestations entre musulmans et étrangers.

Quant aux Tribunaux français, ils ont la connaissance : 1° de tout litige porté par accord des deux parties devant le juge français; 2° de tout litige sur des actes d'après lesquels les parties musulmanes ont préalablement déclaré contracter sous l'empire de la loi française ; 3° de tout litige sur la propriété immobilière. Enfin, la Cour d'appel d'Alger connaît de l'appel des Tribunaux musulmans.

Pour donner des garanties aux justiciables indigènes sur les litiges portés, comme nous venons de le dire, devant les Tribunaux français, on a adjoint à ceux-ci des assesseurs musulmans : ce sont des fonctionnaires qui donnent leur avis et des conseils sur le droit musulman dans les litiges où il en est besoin.

Cette organisation, très acceptable pour les indigènes, a diminué considérablement l'importance et le nombre des *cadis*. Elle se complète par une institution d'un caractère anormal, je veux parler du « Code de l'Indigénat ».

Notre regretté compatriote et collègue, François Charvériat, professeur à l'Ecole de Droit d'Alger, a publié sur ce sujet un travail des plus remarquables.

Le Code de l'Indigénat est destiné à punir des infractions diverses déterminées par des arrêtés préfectoraux, en dehors des contraventions de droit commun. Cette législation exorbitante n'en doit pas moins être conservée, a-t-on dit, car elle est commandée par une situation exceptionnelle. « Les administrateurs ne seront respectés et obéis des indigènes qu'autant qu'ils seront investis d'un pouvoir spécial de discipline, de même que dans les régiments, les colonels ne conserveront quelque autorité qu'autant, qu'en dehors du Code pénal militaire, ils pourront infliger la salle de police et la prison. » En résumé, le Code de l'Indigénat comprend une succession de pénalités que l'Administration quand elle le juge à propos, peut faire pleuvoir sur la tête des indigènes. C'est de leur part un nouveau motif de mécontentement et de réclamations. Le maintien du Code de l'Indigénat donne lieu à de nombreuses controverses.

VI

Je vous ai indiqué le régime de la terre, celui de la justice et celui de la police ; voyons quelle politique gouvernementale a été suivie et celle qui serait à suivre.

De 1830 à 1831, c'est le commandement militaire absolu ; en 1831, on veut favoriser le développement de la population civile, c'est-à-dire des commerçants, des trafiquants, etc., alors on donne un pouvoir assez important à un intendant civil, qui est le chef des services civils et financiers de l'Algérie, il correspond directement avec le Président du Conseil et avec les divers ministères.

Un an après, cette organisation civile disparaît ; une

ordonnance du 12 mai 1832 replace le chef des services civils sous l'autorité du commandant militaire, et c'est désormais au Gouverneur général militaire que reste subordonné l'élément civil. Par l'ordonnance du 31 octobre 1838, on réalise et on consolide cette conception d'un commandant général militaire, lequel est une espèce de vice-roi.

L'ordonnance du 15 avril 1845 laisse encore le gouvernement à un général, qui dépend du Ministère de la guerre, mais l'Administration civile qui lui est toujours subordonnée reçoit une plus grande importance : il y a un directeur des affaires civiles, un directeur des services administratifs, un Conseil supérieur d'administration, un Conseil du contentieux.

Le territoire est divisé en trois zones : la première appelée zone du territoire civil, où les services sont complètement organisés ; la deuxième, zone du territoire mixte, où l'autorité militaire remplit les fonctions civiles ; la troisième, zone du territoire musulman, où fonctionnent les bureaux arabes.

Ici se place une conception intéressante, c'est celle du « Royaume arabe », une sorte de protectorat. On s'était dit : Aux confins de nos possessions arabes, il y a des régions à peu près insoumises, faut-il en poursuivre la soumission par la force armée ? Le général Pélissier voulait très sagement économiser la vie des hommes ; il favorisa la création des bureaux arabes, à la tête desquels on mit des officiers français. L'idée première appartenait à Lamoricière. Les tribus conservaient leur antique organisation, les officiers des bureaux arabes, leur disaient : Nous ne venons pas vous faire la guerre ; si vous nous reconnaissez, il y aura des honneurs et des décorations pour vos chefs. Cette manière de faire tendait à une pacification sans perte d'hommes, et dans une certaine mesure les chefs indigènes étaient flattés de se voir ainsi traités par les officiers francais;

Il y avait cependant un danger, et nous nous en sommes bien aperçus en 1871, c'est que nos officiers apprenaient le commandement à ces chefs, ils leur enseignaient la discipline et l'organisation d'une force militaire, qui pouvait un jour se retourner contre nous.

VII

La Révolution de 1848 amène un nouveau régime, qui fut très éphémère. On estima très prématurément peut-être que l'assimilation de l'Algérie à la France devait être faite; on la divisa en trois départements à la tête desquels furent placés trois préfets, on maintenait cependant le territoire militaire aux confins.

Sous l'Empire, on procède encore par tâtonnements, on institue un Ministère spécial de l'Algérie et des Colonies, dont le titulaire est le prince Napoléon; on supprime le gouverneur général: le chef de l'armée d'Afrique ne devient plus qu'un commandant militaire; c'est à la suite de cette suppression que le maréchal Randon, gouverneur général, donna sa démission.

Ce système fut délaissé en 1860, et l'on revint au gouverneur général, sorte de vice-roi : c'était, dès lors, le « gouvernement militaire », prestigieux symbole de l'autorité et de la force aux yeux des indigènes, mais dont l'ombre seule, suivant l'expression de M. Paul Leroy-Beaulieu, suffit pour éloigner les émigrants et décourager les colons.

En 1870, nouvelle évolution : c'est l'administration civile qui devient prépondérante. Les colons s'en applaudissent; on organise les cantons et on procède à l'élection des Conseils généraux ; puis, en 1871, on étend le principe électif à la nomination des députés, et, en 1875, à celle des sénateurs.

Le gouverneur général devient un fonctionnaire civil, bien que, par profession, il appartienne à l'armée ; ainsi, l'amiral Gueydon et le général Chanzy sont successivement gouverneurs civils, avec un Conseil supérieur de gouvernement.

En même temps, on réduit le nombre et les attributions des bureaux militaires arabes. Des commissaires civils les remplacent dans le Tell ; on veut enlever à l'insurrection ses principaux moyens d'action ; on reconnaissait le danger qu'il y avait à se fier, pour la prévenir, à l'action des bureaux arabes et à la soumission des chefs de tribu.

Nous pouvons résumer maintenant tout ce qui avait été tenté pour obtenir l'assimilation de l'Algérie à la France : 1° L'extension progressive du territoire civil, ce qui était un bien; 2° la conservation et la transmission de la propriété immobilière indigène, d'après la loi française; 3° la création de l'état civil des indigènes, bien que cette idée répugnât absolument aux Arabes ; 4° la délimitation du sol des tribus et des douars ; 5° les opérations de bornage par les commissaires civils ; 6° le fractionnement de la propriété collective entre les tribus, les douars et les familles, et son partage, conformément aux articles 815, 883 et 887 du Code civil.

C'en était trop à la fois pour le tempérament des indigènes. Cependant on fit plus encore pour hâter cette œuvre d'assimilation. La bureaucratie centrale imagina le système « des rattachements ».

VIII

Le 1er septembre 1881 furent rendus sept décrets. L'un d'eux pose en ces termes les principes du système :

« Article 1er. — Tous les services civils, de la justice, de
« l'intérieur, des cultes, des finances, de la marine, de
« l'instruction publique, des beaux-arts, de l'agriculture et
« des postes et télégraphes sont placés sous *l'autorité*
« *directe des ministres compétents.*

« Art. 2. — La législation française sur ces divers objets
« régit désormais l'Algérie. »

L'article 3 modifie et fixe les attributions du gouverneur général dont le pouvoir est amoindri ; c'est par son intermédiaire qu'auront lieu les communications des préfets, des généraux et des chefs de service avec les ministres.

Ce fonctionnaire supérieur par suite de ce décret n'est plus qu'un intermédiaire obligé de faire de fréquents voyages, entre Paris et Alger.

Cette situation nouvelle porta au comble le mécontentement et souleva les plaintes unanimes des indigènes, que cette assimilation forcée et autoritaire mettait dans la dépendance de la bureaucratie métropolitaine.

Des hommes compétents prirent leur défense et, en 1885, M. Constans, ministre de l'intérieur, nomma une Commission extra-parlementaire pour étudier la « question algérienne ».

Dès 1887, la situation anormale de l'Algérie était indiquée par M. Paul Leroy-Beaulieu. En 1891, M. Pauliat, sénateur, rapporteur du budget de l'Algérie, posa des questions déclarées jusqu'alors inexistantes parce qu'on les jugeait négligeables ; à ce moment se produisit une interpellation du sénateur Dide qui amena à la tribune les 26 et 27 février 1891 MM. Jules Ferry, Jules Guichard et Pauliat. Le sentiment général qui se fit jour fut que : « l'état de l'Algérie
« était grave, qu'il méritait d'être connu plus entièrement
« et qu'il fallait y apporter remède. »

Et le 6 mars 1891, sur un ordre du jour présenté par MM. Bérenger, Merlin, Dusolier, et accepté par le Gouvernement, le Sénat décide qu'une Commission de 18 membres sera nommée dans les bureaux à l'effet de faire une enquête. Le 16 mars cette Commission fut désignée ; le lendemain, elle appelait M. Jules Ferry à la présider.

Une délégation sénatoriale reçut la mission de faire en Algérie une enquête qui eut lieu du 19 avril au 4 juin 1892. Elle parcourut les trois départements d'Alger, d'Oran et de Constantine, et reçut les dépositions des colons et des indigènes dans 102 centres différents.

Au mois d'août dernier, cette volumineuse enquête, recueillie par M. Henri Pensa, avocat, chef adjoint du cabinet du Ministre des Travaux publics et secrétaire de la délégation sénatoriale, a été publiée par lui avec des cartes. (Rothschild, éditeur, Paris, 1894.)

L'ouvrage de M. Pensa est absolument remarquable : il est aussi fidèle qu'un compte rendu sténographique, mais il est bien autrement vivant ; il rend compte des dépositions avec une vivacité d'allures et une coloration que n'aurait pu leur imprimer une reproduction littérale. En le lisant, il semble que l'on voit la physionomie des gens et qu'on entende leurs témoignages.

M. Pensa a joint à son travail une lettre d'Abd-ul-Rhaman, neveu de l'émir Abd-el-Kader, qui s'est fait le porte-parole des indigènes ; il y a joint aussi le relevé des centres de colonisation et l'itinéraire suivi par la délégation sénatoriale.

C'est un document considérable qui complète les rapports présentés à la Chambre des Députés par M. Burdeau, en 1892, et par M. Jonnart en 1893, sur le budget de l'Algérie. Déjà ces rapports avaient dévoilé les plaintes et les réclamations des indigènes et montré combien l'action du gouverneur général était devenue impuissante sur la plupart des services publics.

« En vertu des décrets de rattachement de 1881 qui enlèvent au gouverneur général toute initiative et toute autorité — disait M. Jonnart — les bureaux des différents ministères ont la prétention de gouverner l'Algérie comme ils gouvernent la Picardie et la Bretagne... ces bureaux éparpillés aux quatre coins de Paris s'ignorent; ils n'ont entre eux aucun lien, aucune direction; parfois leurs efforts se contrarient, leurs résolutions se contredisent et les responsabilités émiettées, réduites en poussière, deviennent introuvables.

« A Alger, le spectacle qu'offre notre administration est non moins étrange. Le procureur général, le recteur de l'Académie, le conservateur des forêts, d'autres chefs de service encore, vivent à côté du gouverneur général sans le connaître; ils ne relèvent en aucune façon de lui. Ils correspondent directement avec le Ministre dont ils dépendent; de sorte, que les services algériens ressemblent fort aux étages des grandes maisons parisiennes, où les locataires ne se connaissent, ni de nom ni de vue. »

Il nous faut, à notre grand regret, abréger cette citation. Aussi bien les documents sur l'Algérie abondent en ce moment, et avec l'enquête si bien retracée par M. Pensa, nous voudrions espérer que l'œuvre féconde et durable de la réorganisation normale des services publics en Algérie sera efficacement poursuivie par le Parlement.

Nous nous trouvons, en effet, parmi les travaux de la Commission sénatoriale d'enquête, en présence des rapports de :

M. Combes, sur *l'Instruction publique des indigènes* (18 mars 1892);

M. Jules Ferry, sur *l'Organisation et les attributions du Gouvernement général de l'Algérie* (27 octobre 1892).

M. Clamazeran, sur *le Régime fiscal de l'Algérie* (1er décembre 1892);

M. Jules Guichard, sur *le Régime forestier* (3 février 1893);

M. Franck-Chauveau, sur *la Propriété foncière en Algérie* (1893);

M. Combes, sur *l'Enseignement supérieur musulman*, les *Medersas* (2 février 1894).

De tous ces rapports, celui de M. Jules Ferry s'impose le premier à l'attention. C'est un travail très considérable et extrêmement saisissant : ainsi que MM. Burdeau et Jonnart, M. Jules Ferry fait voir combien sont fondées les plaintes des colons et des indigènes. Il combat énergiquement le système des rattachements.

Il déplore cette incorporation des trois départements algériens dans le cadre des départements continentaux avec trois préfets semblables à ceux de France. Avec cette organisation que devient le gouverneur général ? M. Jules Ferry répond : « Un décor coûteux et inutile, un inspecteur colonial dans le palais d'un roi fainéant ; un organe de transmission allant et venant ».

Ce système des rattachements n'est autre chose qu'une centralisation à outrance. Si par exemple, l'on envisage la question des travaux publics n'est-ce pas un véritable « fétichisme » que de vouloir les faire diriger par le pouvoir central, c'est-à-dire par des chefs de division ou de bureaux qui n'ont peut-être jamais mis les pieds sur la terre d'Algérie et qui par conséquent en ignorent les besoins ? Et les forêts ? Elles ont été placées sous la loi française, on leur applique de plein droit le Code forestier métropolitain, qui date de 1827 ; mais les forêts algériennes dont les essences sont si diverses, sont-elles assimilables aux forêts françaises ? Et d'autre part, elles renferment une population de

800,000 habitants qui depuis des siècles y vivent et y meurent, ils y ont leurs gourbis, ils y font du feu, coupent des arbres, en un mot les exploitent comme ils l'entendent, ils s'y considèrent comme chez eux : cela est un mal sans doute, mais comment y remédier? Est-ce par l'application du droit forestier de 1827 ?

On vient dire à ces populations qui n'en ont jamais connu les prescriptions qu'elles ont eu tort de couper tel ou tel arbre, ou de faire du feu en dehors des distances réglementaires, etc. Et on leur dresse des procès-verbaux, qui se sont élevés à plus de 95,000. L'Administration elle-même s'est mise dans l'embarras. Si elle poursuit elle fait renaître tous les sentiments d'hostilité et même d'aveugles représailles, sous forme d'incendie ; si elle abandonne les poursuites, elle avoue son impuissance.

M. Jules Ferry concluait que sur ce point et beaucoup d'autres il faut rebrousser chemin et reconstituer avant tout l'autorité du gouverneur général.

IX.

Le Sénat a partagé ce sentiment et il s'est mis à l'œuvre :

1° En ce qui concerne *les rattachements*, il a consacré du 25 au 30 mai 1893, 4 séances de discussion, auxquelles avait été convoqué M. Cambon, gouverneur général de l'Algérie. Il a fallu toute l'habileté, tout le talent, tout le tact de ce haut fonctionnaire pour porter pendant tout ce temps le poids d'une situation aussi équivoque ; le Sénat a voté d'accord avec la Commission et le Gouvernement un ordre du jour sur la nécessité de rapporter les décrets de rattachement d'avril 1881 et de fortifier le pouvoir du gouverneur général, voilà une première solution.

2° Au sujet du *système forestier* sur le rapport de M. J. Guichard du 3 février 1893, le Sénat a adopté, le 1er juin 1893, les conclusions de la Délégation sénatoriale, tendant à la rédaction d'un code forestier spécial à l'Algérie.

3° Nous arrivons au *régime fiscal* vivement critiqué par les indigènes. Le Sénat, désireux de leur donner satisfaction et après avoir entendu le rapport déposé par M. Clamazeran a adopté le 23 janvier, les réformes proposées par la Commission, c'est à dire l'établissement de l'impôt foncier sur les propriétés non bâties et la réforme des impôts arabes : l'*hochor*, l'*achour*, etc.

4° En ce qui concerne la législation relative à la *propriété foncière*, le Sénat a été frappé de ce fait que les procédures de la loi du 17 février 1873 et de la loi du 28 avril 1887, édictées pour la délimitation, le partage et la licitation de la propriété chez les indigènes ont donné lieu à des abus énormes, à des spoliations, à des ruines.

C'est sur ce point surtout que la Commission sénatoriale avait reconnu aussi qu'il fallait rebrousser chemin et organiser un régime nouveau ; c'est ce que le Sénat a fait dans sa séance du 16 février 1894, par le vote d'un projet de loi qui réalise une première application de l'*Act Torrens* en Algérie, dont nos collègues, MM. Brouilhet et Pic, ont entretenu il y a deux ans, notre Société d'Economie politique.

Nous ne pouvons aborder ici le détail des dispositions votées par le Sénat. Nous ne résistons pas cependant au désir d'en signaler les principales :

Les procédures instituées par les titres II et III de la loi du 26 juillet 1873 et par la loi du 28 février 1887, sont abrogées et désormais des titres délivrés sur requêtes et après enquête par l'Administration du Domaine, assureront *erga omnes* la propriété entre les mains des légitimes détenteurs, et les droits réels non légalement maintenus se trouveront définitivement purgés (Art. 7).

Vous voudrez bien, Messieurs, nous dispenser de faire connaître la procédure qui assure ce résultat, mais ceux d'entre vous qui peuvent avoir des intérêts fonciers en Algérie nous excuseront de dire que nous l'avons étudiée et exposée dans un récent ouvrage (*Précis de législation et d'économie coloniale*. Larose, éditeur. Livre XI, nos 31 et suivants).

Cette réforme, si elle est adoptée par la Chambre, aurait un double résultat :

a) Elle rendra la constitution de la propriété individuelle chez les colons et chez les indigènes bien plus simple, en la mettant à l'abri des abus auxquels, notamment, donnait lieu la licitation ;

b) Elle l'affranchira de tous les droits réels, avec des formalités plus simples et moins coûteuses que celles exigées par le Code civil.

Dans cette même séance du 16 février 1894, où furent votées, ensuite du rapport de M. Franck-Chauveau, les dispositions que je viens de signaler, M. Cambon, gouverneur général de l'Algérie, fit ajourner, jusqu'à plus ample étude, l'examen de divers autres points concernant la propriété foncière.

5° Sur l'*instruction primaire des indigènes*, il faut lire le rapport déposé au Sénat par M. Combes, le 18 mars 1892, même avant le voyage de la délégation sénatoriale. Les conclusions du rapporteur sont que cet enseignement est entièrement à réorganiser, parce qu'on y applique sans discernement les programmes de la métropole, ce qui est absolument exorbitant.

Déjà M. Paul Bert, dans ses *Lettres sur l'Algérie*, avait

signalé la fierté naïve avec laquelle, dans une école de la Grande Kabylie, un instituteur lui avait montré les enfants qu'il préparait au certificat d'études.

« Le certificat d'études pour les élèves indigènes, dit Paul Bert, c'est là une conception délirante!... Je prends le cahier de rédaction du meilleur élève ; dictée : *Les remords de Frédégonde...*, mais ces enfants familiers avec Brunehaut et les intérêts composés, je leur demandais en vain l'étendue de la France, le nombre de ses soldats, le bien qu'elle a fait à leur pays, leurs devoirs envers elle. »

D'autre part, M. Cambon avouait devant le Sénat, à la séance du 19 février 1894, qu'étant entré dans une classe en Kabylie, il entendit le professeur donner à ses élèves une composition à faire sur Bernard Palissy et à ce propos il indiquait aux jeunes Kabyles, la différence qu'il y avait entre le français du XVIe siècle et celui du XIXe siècle. Il en est ainsi parce que sous prétexte d'assimilation les instituteurs primaires sont tenus de suivre le programme qu'on enseigne en France.

Quel serait donc le programme d'enseignement primaire propre aux indigènes? M. François Charvériat a montré que le meilleur programme serait encore celui que suivent les Pères Blancs et les Sœurs Blanches, deux ordres religieux fondés par le cardinal Lavigerie ; le programme des Pères Blancs a ceci de particulier, paraît-il, que leur enseignement est absolument neutre. Ils n'y abordent aucun dogme religieux et ne risquent pas de froisser les sentiments des musulmans; les dictées, les devoirs, les lectures se rapportent à la culture, à l'entretien de la propriété et à d'autres sujets appliqués à leurs besoins ; les jeunes Arabes apprennent ainsi le français tout en s'instruisant de choses et de notions utiles.

Enfin, Messieurs, il y a eu un sixième rapport déposé le

2 février 1894 sur les écoles de l'*Enseignement supérieur musulman*, dénommées les *Medersas*, le rapporteur était également M. Combes.

Il y eut sur ce sujet deux grandes discussions, les 15 et 18 juin 1894, après lesquelles le Sénat renvoya le projet au Gouvernement. Il y a là, en effet, une question très délicate. Deux sénateurs, MM. Gerente et Lesueur, ont critiqué le développement de l'Enseignement supérieur musulman dans lequel ils virent le danger de raviver et de propager la connaissance du Coran dont l'esprit présente avec nos idées une antinomie absolue. Dans le même sens, M. Paul Leroy-Beaulieu a écrit qu'il fallait plutôt applaudir à la disparition des *Medersas* qui tendent à développer l'étude du Coran où les populations musulmanes puisent leur fanatisme réfractaire à notre influence.

M. Cambon a estimé que la réforme projetée ne devait pas être seulement une réforme pédagogique, mais que les *Medersas* pouvaient, entre nos mains, devenir des instruments de propagande et d'enseignement propres à familiariser les fonctionnaires musulmans avec notre langue et à en faire des initiateurs à notre civilisation.

On ne peut se dissimuler que ces questions sont très graves et qu'elles doivent préoccuper tous ceux qui ont à cœur l'avenir de notre belle colonie algérienne.

Outre les rapports dont je viens de vous parler, il en reste trois à mettre en discussion ; ceux de M. Isaac sur la *justice*, de M. Emile Labiche sur la *colonisation officielle ou privée*, de M. Reymond sur les *travaux publics*.

X

Tel est, sous ses diverses faces, le problème d'ensemble dont est saisie la Commission sénatoriale.

Vous voyez, Messieurs, qu'après plus de 60 ans d'occupation, presque tout serait à refaire en Algérie. De l'ensemble de ces faits, nous essayerons de tirer quelques conclusions :

La première, c'est que le succès d'une colonie dépend de la supériorité réelle du peuple qui aspire à faire œuvre de colonisation et de civilisation vis-à-vis d'une race inférieure; la civilisation ne peut être exclusivement le fait de la loi ni des pouvoirs publics, elle dépend de la valeur morale et intellectuelle de la métropole, de son esprit d'initiative, de sa patience et de sa sagesse.

Les peuples primitifs ont des traditions, des coutumes, des croyances qu'il faut respecter toutes les fois qu'elles ne sont pas contraires aux principes généraux de la civilisation.

La deuxième conclusion est que la colonisation est essentiellement une œuvre de longue haleine et, souvent séculaire, il ne faut pas la compromettre par une hâte fébrile et des procédés arbitraires ; ce n'est pas 50, ni 100, mais peut-être 150 ans qui seront nécessaires pour achever la colonisation de l'Algérie.

Voyez ce qui s'est passé aux Indes où les Anglais ont mis près de deux siècles pour asseoir leur prépondérance jusqu'au jour où la reine de la Grande-Bretagne a pu prendre le titre d' « Impératrice des Indes ». Faisons-donc comme les Anglais, faisons crédit à l'Algérie ; n'oublions pas que la fondation d'une colonie est un placement à intérêt lointain, dont les frais de premier établissement se continuent pendant des années et parfois pendant des siècles.

Les faits démontrent qu'il vient un jour où la colonie rend à la métropole tout ce qu'elle lui a coûté, non pas sous forme d'excédent de revenu qu'elle verserait au trésor métropolitain, mais par l'activité qu'elle donne au commerce et à l'industrie de la mère-patrie, par les profits et salaires qu'elle fait gagner aux colons, par les emplois qu'elle fournit aux capitaux, par la propagation de la langue et des mœurs et enfin par l'élargissement de l'horizon intellectuel et de l'initiative personnelle.

La troisième conclusion, c'est que malgré les sacrifices du passé et les difficultés qui surgissent encore en Algérie, il ne faut pas croire que ce pays soit une non-valeur pour nous, et que nous puissions éprouver de légitimes regrets de l'avoir conquis.

L'Algérie est en somme une bonne affaire pour nous, même au point de vue budgétaire. En effet, s'il est vrai que les recettes ne s'élèvent qu'à 40 ou 42 millions de francs, tandis que les dépenses annuelles forment un excédent de 9 à 10 millions de francs, il ne faut pas oublier que 270,000 Français vivent aujourd'hui sur la terre algérienne et que leur natalité supérieure à la nôtre est un enseignement pour la France. Ces colons ont mis le sol en valeur. Des capitaux métropolitains considérables s'y sont transportés et y trouvent des emplois rémunérateurs. On estime à 16 millions les dividendes annuels payés par les Chemins de fer algériens à leurs actionnaires. On calcule, enfin et en résumé, que l'Algérie fournit à la France des revenus de 250 à 300 millions de francs en placements, maisons, terrains, cultures, transports maritimes, commerce, etc.

N'est-ce rien, en outre, que d'être arrivé à purger la mer des pirates, à rendre la navigation plus sûre en établissant des phares, en creusant des ports. Ces améliorations ont créé une sécurité qui a fait diminuer le prix des assurances de navires, etc.

Voilà donc une seconde France qui permet à près de 300,000 Français de vivre en paix hors de la métropole. Et d'autre part, nous l'avons vu, on peut conclure que l'Algérie a ajouté au revenu national, un revenu annuel de 300 millions de francs.

La colonisation de l'Algérie a donc été une bonne affaire, en même temps qu'une œuvre glorieuse pour notre pays et une conquête pour la civilisation.

Lyon. — Imp. Mougin-Rusand, rue Stella, 3

www.ingramcontent.com/pod-product-compliance
Ingram Content Group UK Ltd.
Pitfield, Milton Keynes, MK11 3LW, UK
UKHW032017260826
14628UKWH00006B/2535

9 782012 934917